Impressum
Verlag: BABADADA GmbH, Nedderfeld 112 , 22529 Hamburg
Geschäftsführer / Verlagsleitung: Harald Hof
Druck: Books on Demand GmbH, In de Tarpen 42, 22848 Norderstedt

Imprint
Publisher: BABADADA GmbH, Nedderfeld 112 , 22529 Hamburg, Germany
Managing Director / Publishing direction: Harald Hof
Print: Books on Demand GmbH, In de Tarpen 42, 22848 Norderstedt, Germany

učionica
کلاس درس

dijeliti
تقسیم کردن

186/2

tabla
تخته

školsko dvorište
حیاط مدرسه

učitelj, nastavnik
معلم

papir
کاغذ

pisati
نوشتن

olovka
خودکار

pisaći sto
میز تحریر

lenjir
خط کش

knjiga
کتاب

učenik
دانش آموز

torba

کیف مدرسه

pernica

جامدادی

drvena olovka

مداد

šiljalo za olovke

تراش

gumica

پاک کن

blok za crtanje

دفتر رسم

crtež

طراحی

kist

قلم مو

kutija s bojama

جعبه ی آبرنگ

makaze

قیچی

ljepilo

چسب

vježbanka

کتاب تمرین

domaća zadaća

تکلیف خانه

broj

رقم

sabirati

جمع کردن

oduzimati

تفریق کردن

množiti

ضرب کردن

računati

محاسبه کردن

slovo

حرف الفبا

abeceda

الفبا

riječ

کلمه

tekst

متن

čitati

خواندن

kreda

گچ

sat

درس

školski dnevnik

ثبت نام

ispit

امتحان

svjedočanstvo

مدرک رسمی

školska uniforma

لباس مدرسه

izobrazba

تحصیلات

leksikon

دانشنامه

univerzitet

دانشگاه

mikroskop

میکروسکوپ

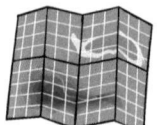

karta

نقشه

korpa za papir

سبد کاغذ باطله

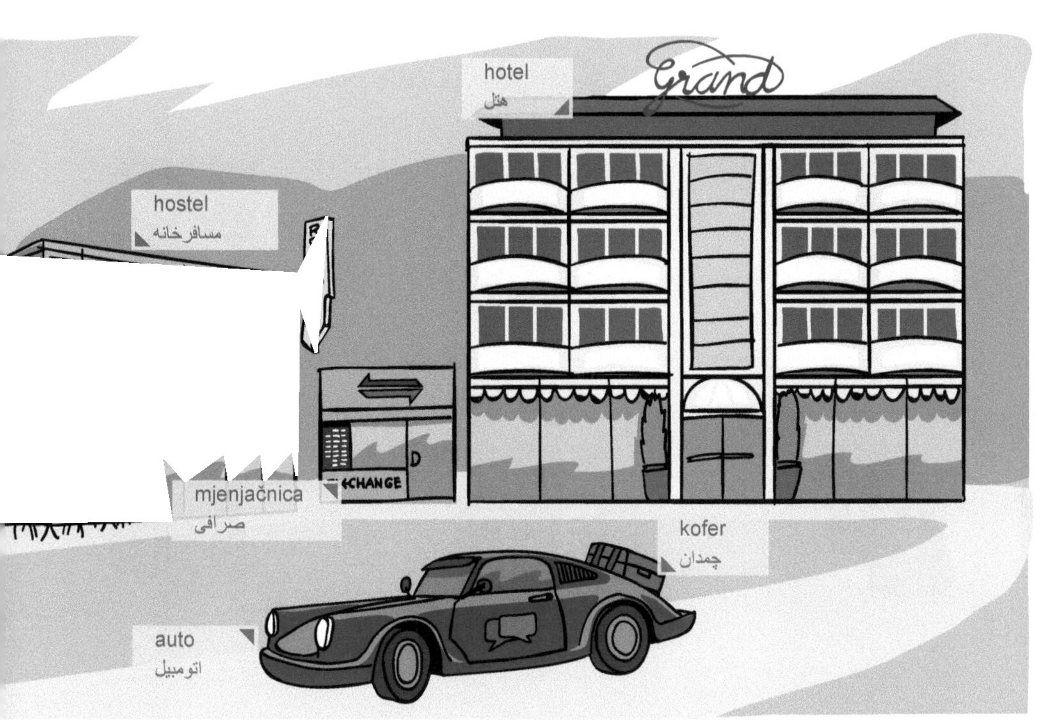

hotel
هتل

hostel
مسافرخانه

mjenjačnica
صرافی

EXCHANGE

kofer
چمدان

auto
اتومبیل

jezik
زبان

da / ne
بله / خیر

okej
اکی

zdravo
سلام

tumač
مترجم

hvala
ممنون

Koliko košta...?

قیمت ... چه قدر است؟

Ne razumijem

من متوجه نمی شوم

problem

مشکل

dobro veče!

عصر بخیر! / شب بخیر!

Dobro jutro!

صبح بخیر!

Laku noć!

شب بخیر!

doviđenja

خدانگهدار

smjer

جهت

prtljag

بار سفر

torba

کیف

ruksak

کوله پشتی

gost

مهمان

soba

اتاق

vreća za spavanje

کیسه خواب

šator

خیمه

turističke informacije

مرکز راهنمای گردشگران

plaža

ساحل

kreditna kartica

کارت اعتباری

doručak

صبحانه

ručak

نهار

večera

شام

putna karta

بلیط

lift

آسانسور

poštanska markica

مهر

granica

مرز

carina

گمرک

ambasada

سفارتخانه

viza

ویزا

pasoš

گذرنامه

حمل و نقل

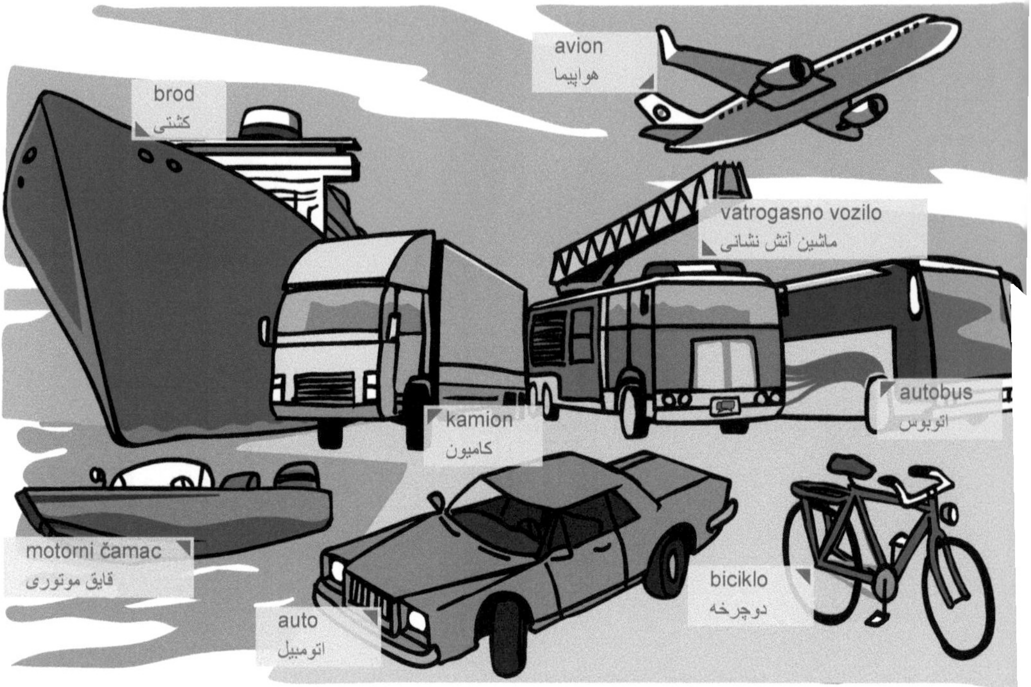
avion
هواپیما
brod
کشتی
vatrogasno vozilo
ماشین آتش نشانی
kamion
کامیون
autobus
اتوبوس
motorni čamac
قایق موتوری
biciklo
دوچرخه
auto
اتومبیل

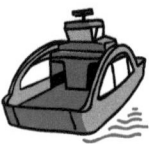

trajekt

کشتی مسافربری

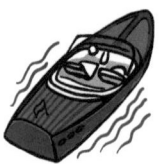

brod

قایق

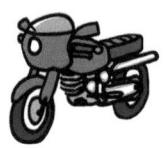

motocikl

موتورسیکلت

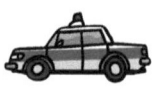

policijski automobil

ماشین پلیس

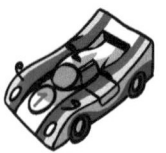

trkaći automobil

ماشین مسابقه

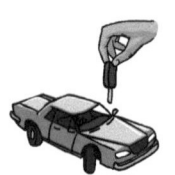

unajmljeni automobil

ماشین کرایه ای

kar-šering

به اشتراک گذاری اتوموبیل

pauk

جرثقیل

smećarsko vozilo

ماشین حمل زباله

motor

موتور

gorivo

بنزین

benzinska pumpa

پمپ بنزین

saobraćajni znak

تابلو راهنمایی و رانندگی

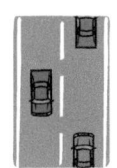

saobraćaj

عبور و مرور

zastoj

ترافیک

parking

پارکینگ

željeznička stanica

ایستگاه قطار

šine

ریل راه آهن

voz

قطار

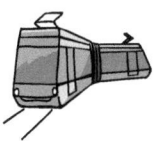

tramvaj

قطار برقی

vagon

واگن

helikopter

هلیکوپتر

aerodrom

فرودگاه

toranj

برج

putnik

مسافر

kontejner

کانتینر

karton

کارتن

tačke

گاری

korpa

سبد

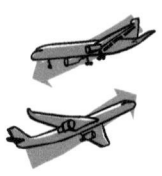

poletjeti / sletjeti

به پرواز درآمدن / فرود آمدن

شهر

selo

دهکده

centar grada

مرکز شهر

kuća

خانه

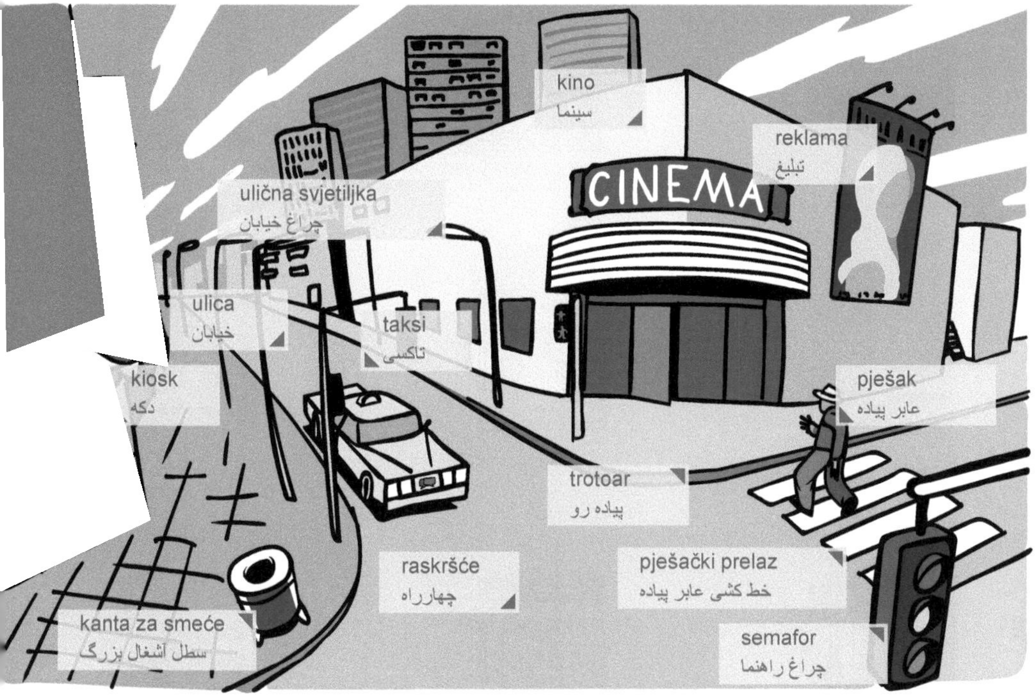

kino
سینما

reklama
تبلیغ

ulična svjetiljka
چراغ خیابان

CINEMA

ulica
خیابان

taksi
تاکسی

kiosk
دکه

pješak
عابر پیاده

trotoar
پیاده رو

raskršće
چهارراه

pješački prelaz
خط کشی عابر پیاده

kanta za smeće
سطل آشغال بزرگ

semafor
چراغ راهنما

koliba

کلبه

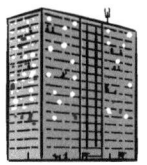

stan

آپارتمان

željeznička stanica

ایستگاه قطار

vjećnica

ساختمان شهرداری

muzej

موزه

škola

مدرسه

univerzitet

دانشگاه

banka

بانک

bolnica

بیمارستان

hotel

هتل

apoteka

داروخانه

ured

اداره

knjižara

کتابفروشی

radnja

مغازه

cvjećara

گل فروشی

supermarket

سوپرمارکت

pijaca

بازار

robna kuća

فروشگاه بزرگ

prodavač ribe

ماهی فروش

trgovački centar

مرکز خرید

luka

بندر

park

پارک

klupa

نیمکت

most

پل

stepenice

پله

podzemna željeznica

مترو

tunel

تونل

autobuska stanica

ایستگاه اتوبوس

bar

میخانه

restoran

رستوران

poštanski sandučić

صندوق پست

saobraćajni znak

تابلوی خیابان

sat za naplatu parkinga

دستگاه پارکومتر

zološki vrt

باغ وحش

bazen

استخر شنای عمومی

džamija

مسجد

seosko imanje

مزرعه

zagađenje okoline

آلودگی محیط زیست

groblje

قبرستان

crkva

کلیسا

igralište

زمین بازی

hram

معبد

چشم انداز

list
برگ
putokaz
تابلوی راهنمای مسیر
putokaz
راه
livada
چمنزار
kamen
سنگ
drvo
درخت
putnik
راه نورد
rijeka
رودخانه
trava
چمن
cvijet
گل

dolina

دره

brdo

تپه

jezero

دریاچه

šuma

جنگل

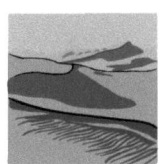

pustinja

بیابان

vulkan

کوه آتشفشان

dvorac

قلعه

duga

رنگین کمان

gljiva

قارچ

palma

درخت نخل

komarac

پشه

muha

مگس

mrav

مورچه

pčela

زنبور

pauk

عنکبوت

buba

سوسک

žaba

قورباغه

vjeverica

سنجاب

jež

جوجه تیغی

zec

خرگوش صحرایی

sova

جغد

ptica

پرنده

labud

قو

divlja svinja

گراز

jelen

گوزن نر

los

گوزن شمالی

brana

سد آب

vjetrenjača

توربین بادی

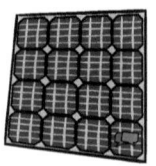

solarni modul

صفحه ی خورشیدی

klima

آب و هوا

رستوران

konobar
پیشخدمت رستوران
jelovnik
منوی غذا
stolica
صندلی
supa
سوپ
pica
پیتزا
pribor za jelo
سرویس کارد و قاشق و چنگال
stolnjak
رومیزی

predjelo
پیش‌غذا

glavno jelo
غذای اصلی

desert
دسر

piće
نوشیدنی ها

jelo
غذا

flaša
بطری

brza hrana

فست فود

jelo sa ulice

اغذیه خیابانی

čajnik

قوری

šećernica

قندان

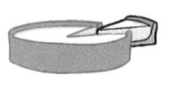

porcija

پُرس غذا

mašina za espreso

دستگاه اسپرسو

barska stolica

صندلی پایه بلند غذاخوری بچه

račun

صورتحساب

tacna

سینی

nož

چاقو

viljuška

چنگال

kašika

قاشق

kašičica

قاشق چایخوری

salveta

دستمال سفره

čaša

لیوان

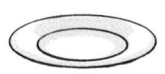

tanjir

بشقاب

tanjir za supu

بشقاب سوپخوری

tanjurić

نعلبکی

sos

سس

solanik

نمکدان

mlin za biber

فلفل ساب

sirće

سرکه

ulje

روغن خوراکی

začini

ادویه جات

kečap

سس کچاپ

senf

سس خردل

majoneza

سس مایونز

ponuda
پیشنهاد ویژه
klijent
مشتری
mliječni proizvodi
لبنیات
voće
میوه جات
kolica za kupovinu
چرخ دستی خرید

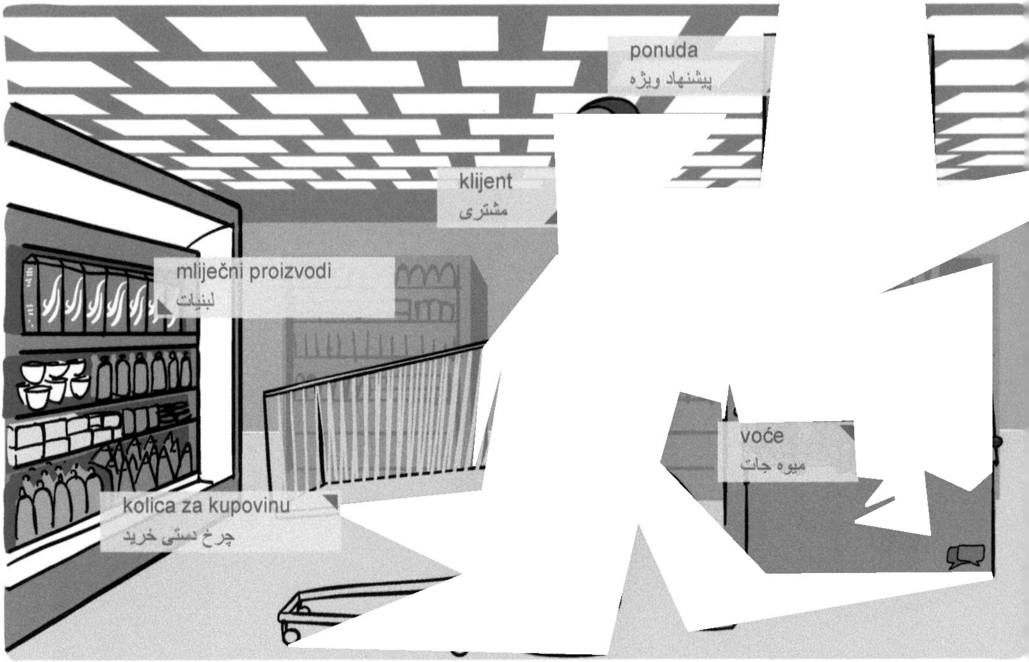

mesnica- klaonica

قصابی

pekara

نانوایی

vagati

وزن کردن

povrće

سبزیجات

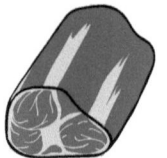

meso

گوشت

zaleđena hrana

غذای منجمد

narezak

مخلوطی از انواع کالباس یا پنیر که
ورقه ای بریده شده باشند

konzerve

غذای کنسروی

prašak za veš

پودر لباسشویی

slatkiši

شیرینی جات

kućanski proizvodi

لوازم خانگی

sredstvo za čišćenje

ماده شوینده و پاک کننده

prodavačica

فروشنده

kasa

صندوق پرداخت

blagajnik

صندوقدار

lista za kupovinu

لیست خرید

radno vrijeme

ساعات کار

novčanik

کیف پول

kreditna kartica

کارت اعتباری

torba

کیف

najlonska vrećica

کیسه ی پلاستیکی

نوشیدنی ها

voda

آب

sok

آبمیوه

mlijeko

شیر

kola

نوشابه کوکاکولا

vino

شراب

pivo

آبجو

alkohol

الکل

kakao

کاکائو

čaj

چای

kafa

قهوه

espreso

قهوه اسپرسو

kapućino

کاپوچینو

banana

موز

jabuka

سیب

narandža

پرتقال

lubenica

انواع هندوانه و خربزه

limun

لیمو

mrkva

هویج

bijeli luk

سیر

bambus

نِی بامبو

crveni luk

پیاز

gljiva

قارچ

orašasti plodovi

آجیل

pasta

ماکارونی

špagete

اسپاگتی

riža

برنج

salata

سالاد

pomfrit

سیب زمینی سرخ کرده

pečeni krompir

سیب زمینی سرخ شده

pica

پیتزا

hamburger

همبرگر

sendvič

ساندویچ

šnicla

شنیتسل

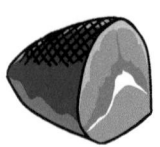

šunka

ژامبون خوک

kobasica

سالامی

kobasica

سوسیس

kokoš

مرغ

pečenje

نوعی گوشت سرخ شده

riba

ماهی

zobene pahuljice

جوی پرک شده

muzli

نوعی صبحانه مخلوطی از برگه ذرت و
میوه های خشک شده و خشکبار که
معمولا با شیر خورده می شود

kornfleks

کورن‌فلکس

brašno

آرد

kroason

کرواسان

zemičke

نان بروتشن

kruh

نان

tost

نان تست

keksi

بیسکویت

maslac

گره

svježi sir

کشک

kolač

کیک

jaje

تخم مرغ

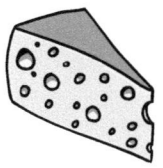

jaje na oko

تخم مرغ نیمرو

sir

پنیر

sladoled

بستنی

šećer

شکر

med

عسل

marmelada

مربا

nugat krema

کرم شکلاتی بادامی

kuri

ادویه کاری

seoska kuća
خانه ی مزرعه داران

sjenik
انبار غله

bale sjena
خرمن گاه

polje
مزرعه

konj
اسب

prikolica
ماشین یدک کش

ždrijebe
کره اسب

traktor
تراکتور

magarac
خر

ovca
گوسفند

jagnje
بره

koza
بز

krava
گاو ماده

tele
گوساله

svinja
خوک

prase
بچه خوک

bik
گاو نر

guska

غاز

patka

اردک

pile

جوجه

kokoška

مرغ

pjetao

خروس

pacov

موش صحرایی

mačka

گربه

miš

موش

vol

گاو نر اخته

pas

سگ

pseća kućica

لانه ی سگ

crijevo za baštu

شلنگ باغبانی

kanta za zalijevanje

آبپاش

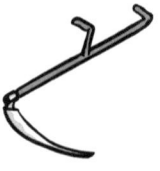

kosa

داس دسته بلند

plug

گاوآهن

srp

داس

motika

کج بیل

vile

چنگک باغبانی

sjekira

تبر

tačke

فرقون

korito

آبشخور

bokal za mlijeko

بطری نگهداری شیر

vreća

کیسه

ograda

حصار

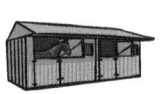

štala

اصطبل

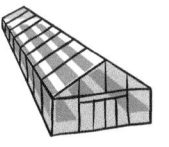

staklenik

گلخانه

tlo

خاک

sjeme

بذر

đubrivo

کود

kombajn

ماشین کمباین

kositi

برداشت کردن محصول

žetva

محصول

jam korijen

تمیس

pšenica

گندم

soja

سویا

krompir

سیب زمینی

kukuruz

ذرت

uljana repica

کلزا

drvo voća

درخت میوه

manioka

گیاه مانیوک

žito

غلات

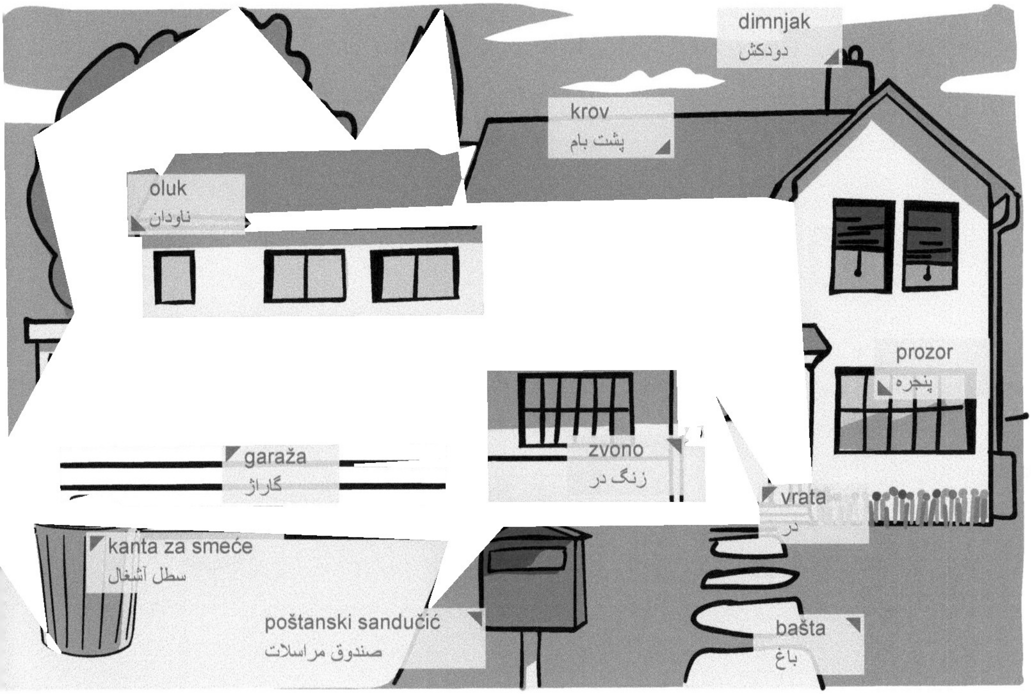

dimnjak
دودکش

krov
پشت بام

oluk
ناودان

prozor
پنجره

garaža
گاراژ

zvono
زنگ در

vrata
در

kanta za smeće
سطل آشغال

poštanski sandučić
صندوق مراسلات

bašta
باغ

dnevni boravak
اتاق نشیمن

kupatilo
حمام

kuhinja
آشپزخانه

spavaća soba
اتاق خواب

dječija soba
اتاق بچه

trpezarija
ناهارخوری

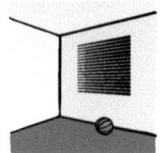

pod, tlo

کف زمین

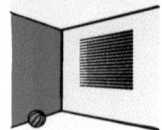

zid

دیوار

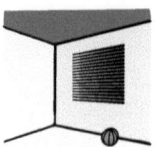

plafon

سقف

podrum

زیرزمین

sauna

سونا

balkon

بالکن

terasa

تراس

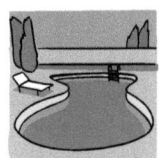

bazen

استخر

kosilica

ماشین چمن‌زنی

posteljina

ملافه

pokrivač

روتختی

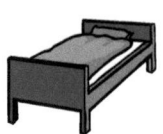

krevet

تخت خواب

metla

جارو

kanta

سطل

prekidač

سویچ یا کلید

اتاق نشیمن

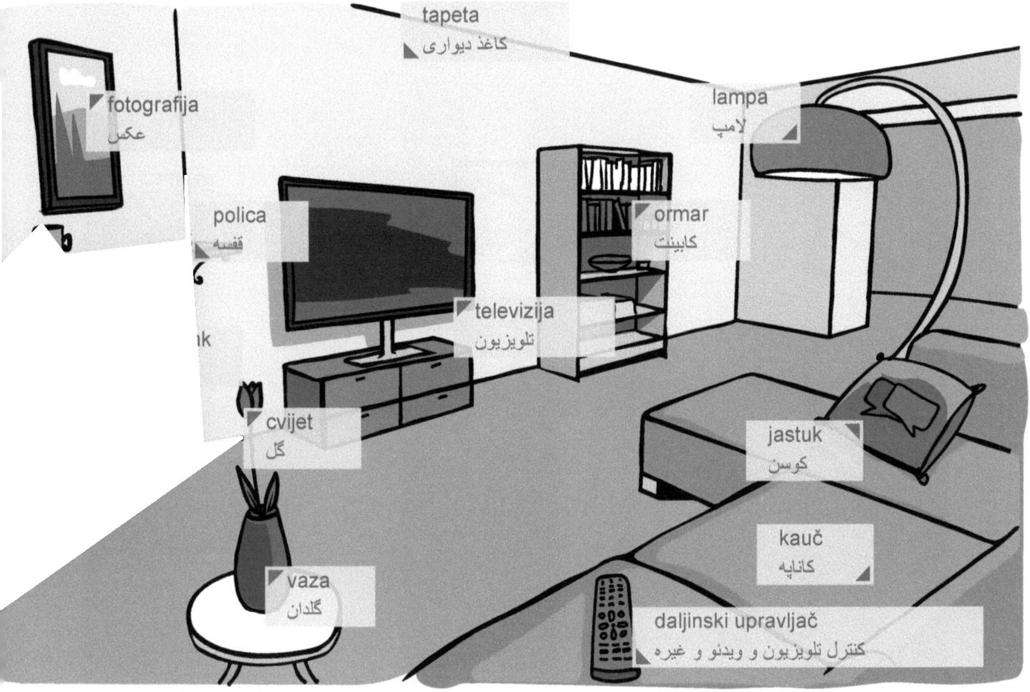
tapeta
کاغذ دیواری
fotografija
عکس
lampa
لامپ
polica
قفسه
ormar
کابینت
televizija
تلویزیون
cvijet
گل
jastuk
کوسن
kauč
کاناپه
vaza
گلدان
daljinski upravljač
کنترل تلویزیون و ویدئو و غیره

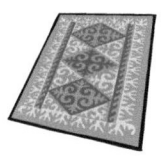

tepih

فرش

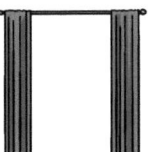

zavjesa

پرده

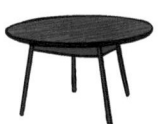

stol

میز

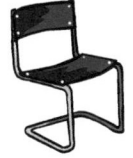

stolica

صندلی

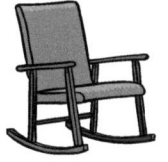

stolica za ljuljanje

صندلی گهواره ایی

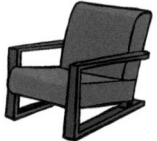

fotelja

صندلی راحتی

knjiga

كتاب

deka

لحاف

dekoracija

دكوراسيون

ložno drvo

هیزم

film

فيلم

stereo uređaj

دستگاه ضبط صوت

ključ

كليد

novine

روزنامه

umjetnička slika

تابلو نقاشی

poster

پوستر

radio

رادیو

blok za bilješke

دفترچه یادداشت

usisavač

جاروبرقی

kaktus

كاكتوس

svijeća

شمع

آشپزخانه

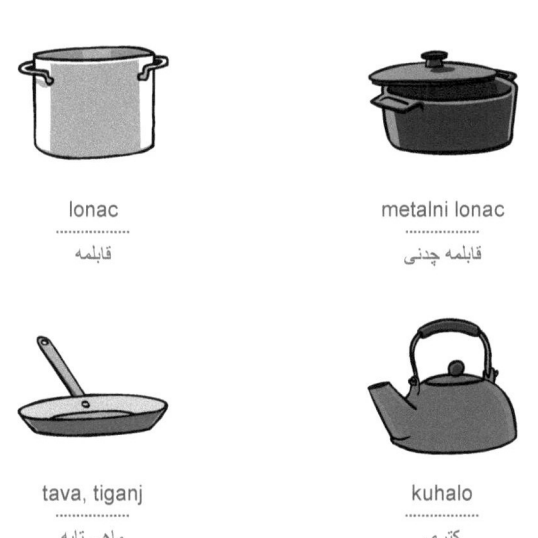

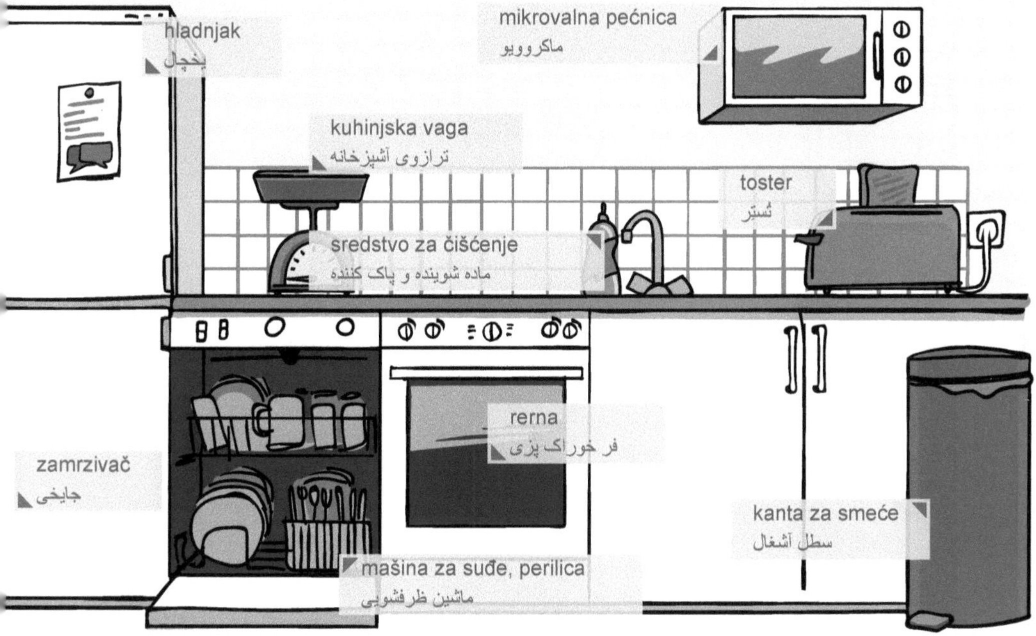

hladnjak
یخچال
mikrovalna pećnica
ماکروویو
kuhinjska vaga
ترازوی آشپزخانه
toster
تُستر
sredstvo za čišćenje
ماده شوینده و پاک کننده
rerna
فر خوراک پزی
zamrzivač
جایخی
kanta za smeće
سطل آشغال
mašina za suđe, perilica
ماشین ظرفشویی

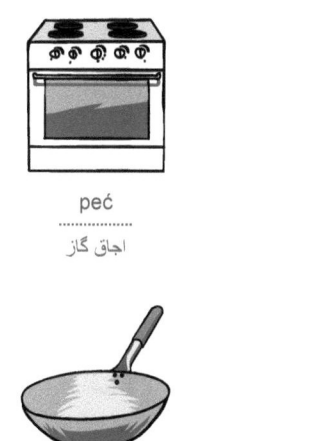

peć

اجاق گاز

lonac

قابلمه

metalni lonac

قابلمه چدنی

vok / kadai

ماهی تابه گود

tava, tiganj

ماهی تابه

kuhalo

کتری

aparat za kuhanje na pari

بخارپز

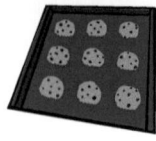

lim za pečenje

سینی فر

posuđe

ظرف چینی آشپزخانه

šalica

لیوان

činija

کاسه

kineski štapići

چاپستیک

kutlača

ملاقه

lopatica

کفگیر

metlica za snijeg bjelanjca

همزن

sito za kuhanje

آبکش

sito

آبکش

ribež

رنده

avan s tučkom

هاون

roštilj

باربیکیو

ložište

محل مخصوص افروختن آتش

daska

تخته گوشت و سبزی

oklagija

وردنه

vadičep

در بطری بازکن

konzerva

قوطی

otvarač za konzerve

در قوطی بازکن

krpe za lonac

دستگیره پارچه ای

sudoper

سینک ظرفشویی

četka

برس گردگیری

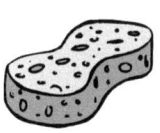

spužva

اسفنج

mikser

مخلوط کن

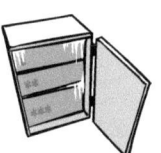

zamrzivač

فریزر

flašica za bebu

شیشه شیر بچه

slavina

شیر آب

grijanje
بخاری

tuš
دوش

peškir
حوله

zavjesa za tuš
پرده ی حمام

pjenušava kupka
حمام کف

kada
وان حمام

čaša
لیوان

mašina za veš
ماشین لباسشویی

slavina
شیر آب

pločice
کاشی

dječja kahlica
لگن دستشویی کودکان

sudoper
سینک ظرفشویی

toalet
توالت

čučavac
توالت ایرانی

bide
کاسه توالت

pisoar
توالت مخصوص آقایان

toalet papir
دستمال توالت

četka za wc
فرچه توالت

četkica za zube

مسواک

pasta za zube

خمیردندان

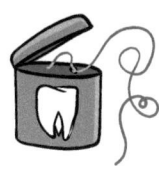

zubni konac

نخ دندان

prati

شستن

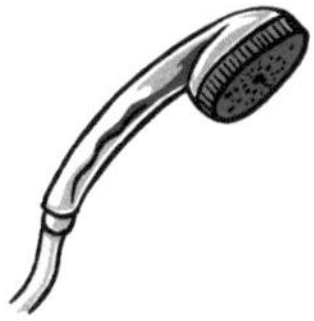

tuš

دوش آب تلفنی

intimni tuš

شلنگ توالت

lavor

لگن روشویی

četka za leđa

برس شست و شوی پشت

sapun

صابون

gel za tuširanje

شامپو بدن

šampon

شامپو

krpe za pranje

لیف حمام

odvod

راه آب

krema

کرم

dezodorans

اسپری دئودورانت

ogledalo

آیینه

ogledalo za šminkanje

آیینه ی کوچک دستی

brijač

تیغ ریش تراشی

pjena za brijanje

کف ریش‌تراشی

vodica poslije brijanja

افترشیو

češalj

شانه ی سر

četka

برس

fen

سشوار

sprej za kosu

اسپری مو

puder

آرایش

karmin

رژلب

lak za nokte

لاک ناخن

vata

پنبه

makazice za nokte

قیچی ناخن

parfem

عطر

kozmetička torbica

کیف لوازم آرایشی و بهداشتی

hoklica

چهارپایه

vaga

ترازو

kupaći ogrtač

حوله ی پالتویی

rukavice za čišćenje

دستکش ظرفشویی

tampon

تامپون

uložak za dame

نوار بهداشتی

hemijski toalet

توالت سیار

budilnik
ساعت زنگدار
plišana igračka
نوعی عروسک نرم به شکل حیوانات
auto za igru
ماشین اسباب بازی
zvečka
جغجغه
kućica za lutke
خانه ی عروسکی
poklon
کادو

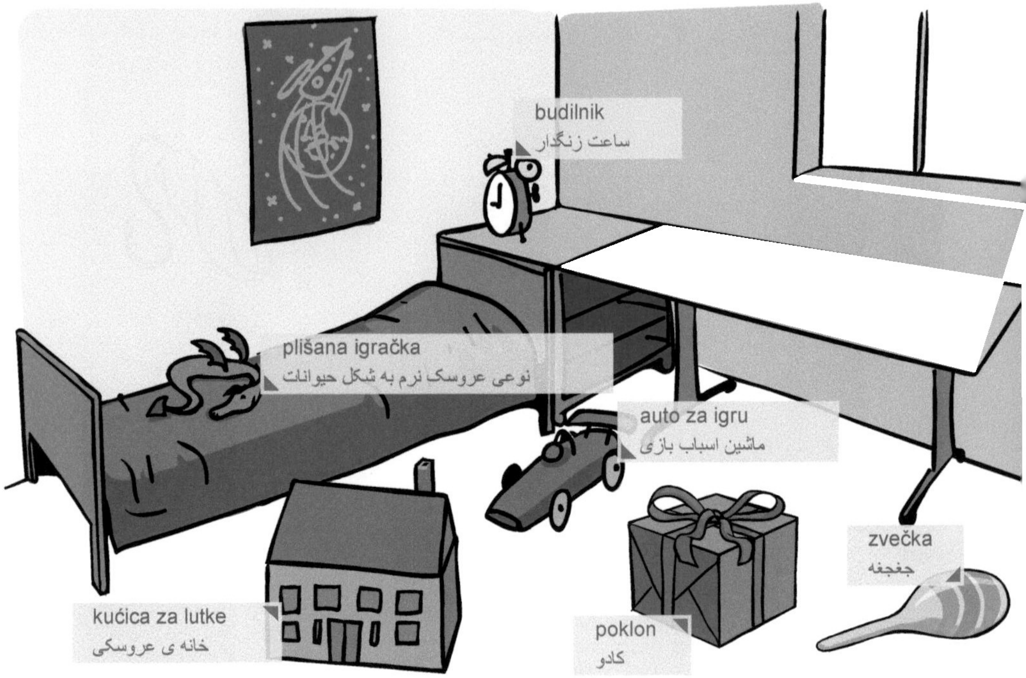

balon

بادکنک

krevet

تخت خواب

kolica za djecu

کالسکه بچه

karte za igranje

بازی ورق

puzle

پازل

strip

داستان مصور

lego kockice

اسباب بازی لگو

kockice za gradnju

خانه سازی

akcione figure

عروسک شخصیت های فیلم و کارتون

benkica

لباس نوزاد

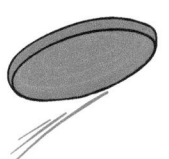

frizbi

فریزبی

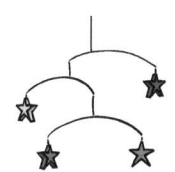

mobile

نوعی اسباب بازی که روی تخت نوزاد
یا کودک نصب می شود

igra na ploči

بازی روی صفحه

kocka

تاس

miniatura željeznice

قطار اسباب بازی

cucla

پستانک

zabava

مهمانی

slikovnica

کتاب مصور

lopta

توپ

lutka

عروسک

igrati

بازی کردن

pješćanik

جعبه شنی مخصوص بازی کودکان

ljuljačka

تاب

igračke

اسباب بازی

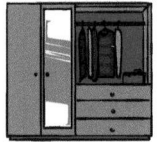

konzola za igru

کنسول بازی های کامپیوتری

triciklo

سه چرخه

medvjedić

خرس عروسکی

ormar

کمد لباس

لباس

kratke čarape

جوراب

čarape

جوراب زنانه ساق بلند

hulahopke

جوراب شلواری

šal
شال

kaiš
کمربند

kišobran
چتر

majica kratkih rukava
تی شرت

patike
کفش ورزشی کتانی

čizme
پوتین

papuče
دمپایی

sandale

....

صندل

cipele

....

کفش

gumene čizme

....

چکمه پلاستیکی

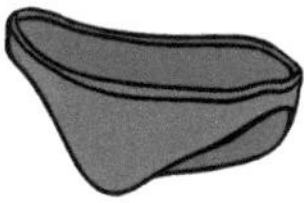

gaće

....

شرت

grudnjak

....

سوتین

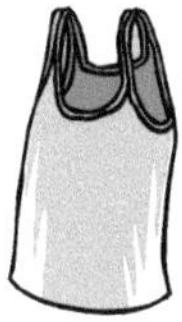

potkošulja

....

جلیقه

bodi

بادی

hlače

شلوار

farmerke

جین

suknja

دامن

bluza

بلوز

košulja

پیراهن

džemper

پولیور

majica

سویی شرت

sako

نوعی کت

jakna

ژاکت

mantil

کت بلند

kišni mantil

بارانی

kostim

لباس نمایش

haljina

لباس

vjenčanica

لباس عروس

odijelo

کت و شلوار

spavaćica

لباس خواب زنانه

pidžama

پیژامه

sari

ساری

marama

روسری

turban

عمامه

burka

برقع

kaftan

قبا

abaja

عبا

kupaći kostim

لباس شنا

kupaće gaće

شرت شنا

kratke hlače

شلوارک

trenerka

لباس ورزشی

pregača

پیشبند

rukavice

دستکش

dugme

دكمه

naočare

عینک

narukvica

دستبند

ogrlica

گردنبند

prsten

انگشتر

naušnica

گوشواره

kapa

کلاه لبه دار

vješalica

چوب لباسی

šešir

کلاه

kravata

کراوات

patentni zatvarač

زیپ

kaciga

کلاه ایمنی

tregeri za hlače

بند شلوار

školska uniforma

لباس مدرسه

uniforma

لباس فرم

podbradak

پیش بند بچه

cucla

پستانک

pelene

پوشک بچه

اداره

server
سرور
ormar za kartoteku
کمد نگهداری پرونده
štampa
papir
کاغذ
monitor
مانیتور
miš
ماوس
tastatura
صفحه کلید

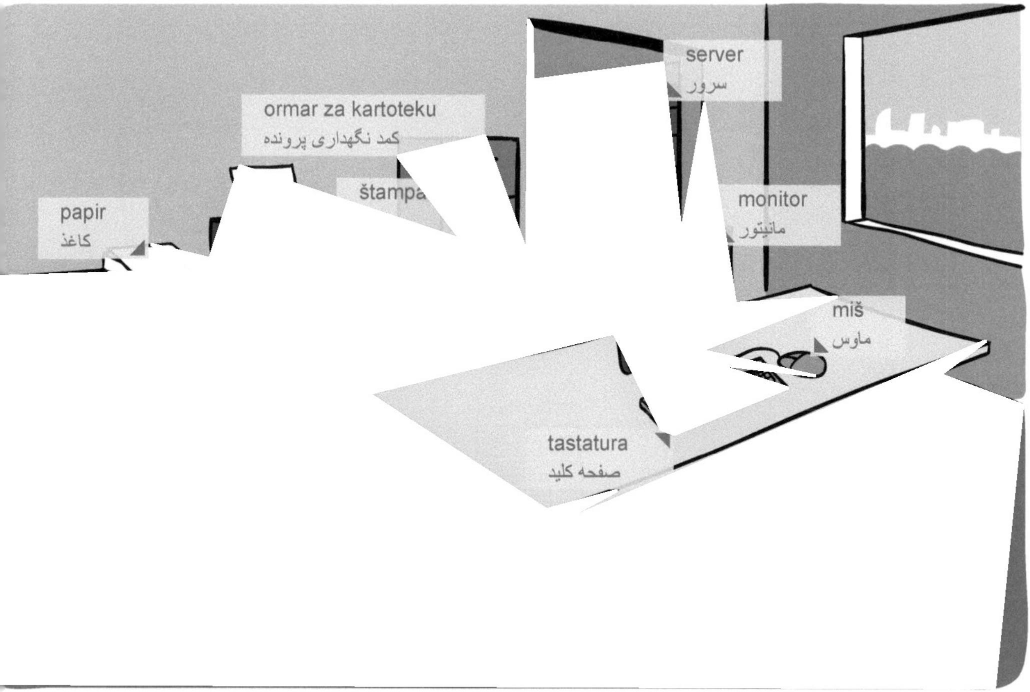

šolja za kafu

لیوان قهوه

kalkulator

ماشین حساب

internet

اینترنت

laptop

لپ تاپ

pismo

نامه

poruka

پیغام

mobilni telefon

تلفن همراه

mreža

شبکه ی ارتباطی

aparat za kopiranje

دستگاه فتوکپی

softver

نرم افزار

telefon

تلفن

utičnica

پریز

faks

دستگاه فاکس

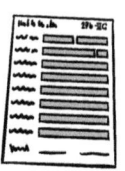

formular

فرم

dokument

مدرک

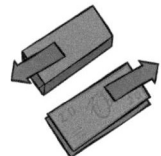

kupovati

خریدن

platiti

پرداخت کردن

trgovati

تجارت کردن

novac

پول

dolar

دلار

euro

یورو

jen

ین

rublja

روبل

franak

فرانک سوئیس

renminbi jen

یوان رنمینبی

rupi

روپیه

bankomat

دستگاه خودپرداز

mjenjačnica

صرافی

zlato

طلا

srebro

نقره

nafta

نفت

energija

انرژی

cijena

قیمت

ugovor

قرارداد

porez

مالیات

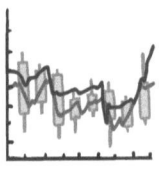

akcija

سهام سرمایه

raditi

کار کردن

službenik

کارمند

poslodavac

کارفرما

fabrika

کارخانه

radnja

مغازه

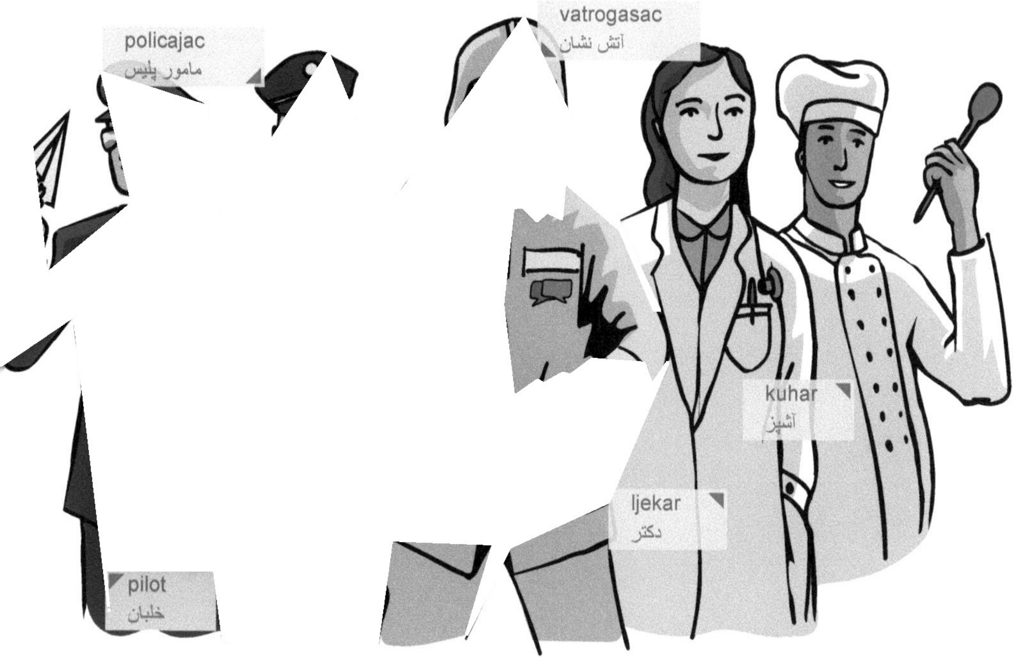

policajac
مامور پلیس

vatrogasac
آتش نشان

kuhar
آشپز

ljekar
دکتر

pilot
خلبان

baštovan
باغبان

stolar
نجار

krojačica
خیاط زنانه

sudija
قاضی

hemičar
شیمیدان

glumac
بازیگر

vozač autobusa

راننده اتوبوس

vozač taksija

راننده تاکسی

ribar

ماهیگیر

čistačica

نظافتچی زن

krovopokrivač

سقف ساز

konobar

پیشخدمت رستوران

lovac

شکارچی

moler

نقاش

pekar

نانوا

električar

برقکار

građevinski radnik

کارگر ساختمانی

inženjer

مهندس

koljač

قصاب

limar, vodoinstalater

لوله کش

poštar

پستچی

vojnik

سرباز

arhitekta

معمار

blagajnik

صندوقدار

cvjećar

گل فروش

frizer

آرایشگر

kontrolor

مامور کنترل بلیط در قطار

mehaničar

مکانیک

kapiten

ناخدا

zubar

دندانپزشک

naučnik

دانشمند

rabin

عالم یهودی

imam

امام

monah

راهب

sveštenik

کشیش

ابزارآلات

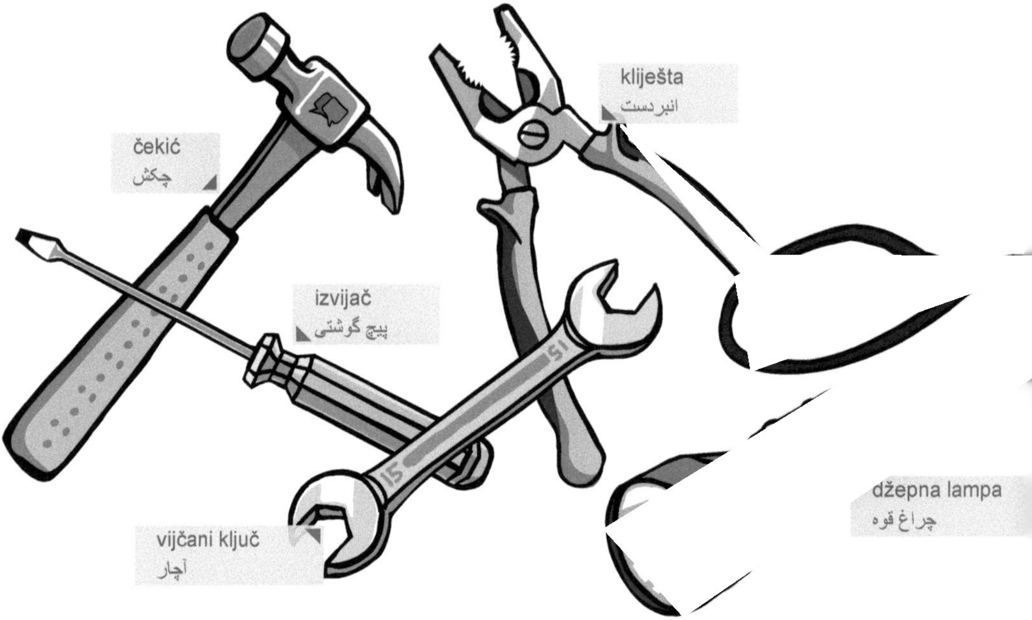
klješta
انبردست
čekić
چکش
izvijač
پیچ گوشتی
džepna lampa
چراغ قوه
vijčani ključ
آچار

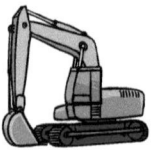

bager

بیل مکانیکی

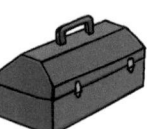

kutija sa alatom

جعبه ابزار

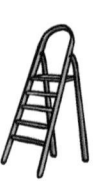

ljestve

نردبان

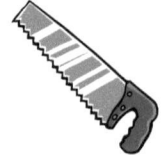

testera, pila

ارّه

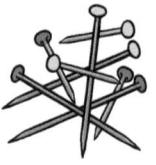

ekser

میخ

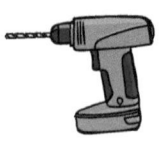

bušilica

مته

popraviti

تعمیر کردن

lopata

بیل

sranje!

لعنتی!

lopatica

خاک انداز

kanta boje

سطل رنگرزی

vijak

پیچ

آلات موسیقی

zvučnik
بلندگو
bubnjevi
درامز
gitara
گیتار
kontrabas
کنترباس
truba
ترومپت

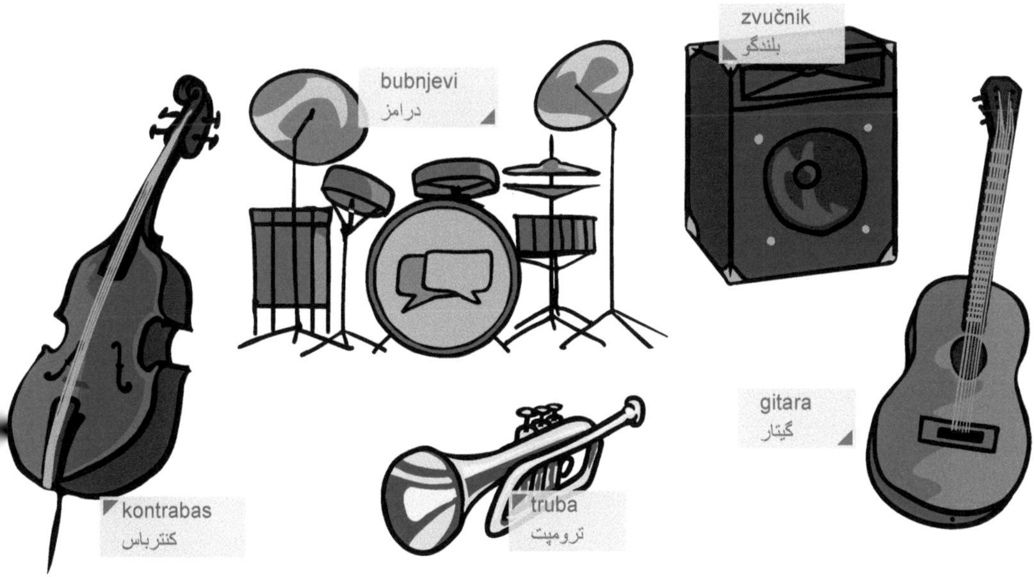

klavir

پیانو

violina

ویولن

bas

گیتار بیس

bubanj timpani

تیمپانی

bubanj

طبل

sintisajzer

کیبورد الکتریک

saksofon

ساکسیفون

flauta

فلوت

mikrofon

میکروفون

باغ وحش

ulaz
ورودی
tigar
ببر
kavez
قفس
zebra
گورخر
hrana za životinje
خوراک حیوانات
panda
خرس پاندا

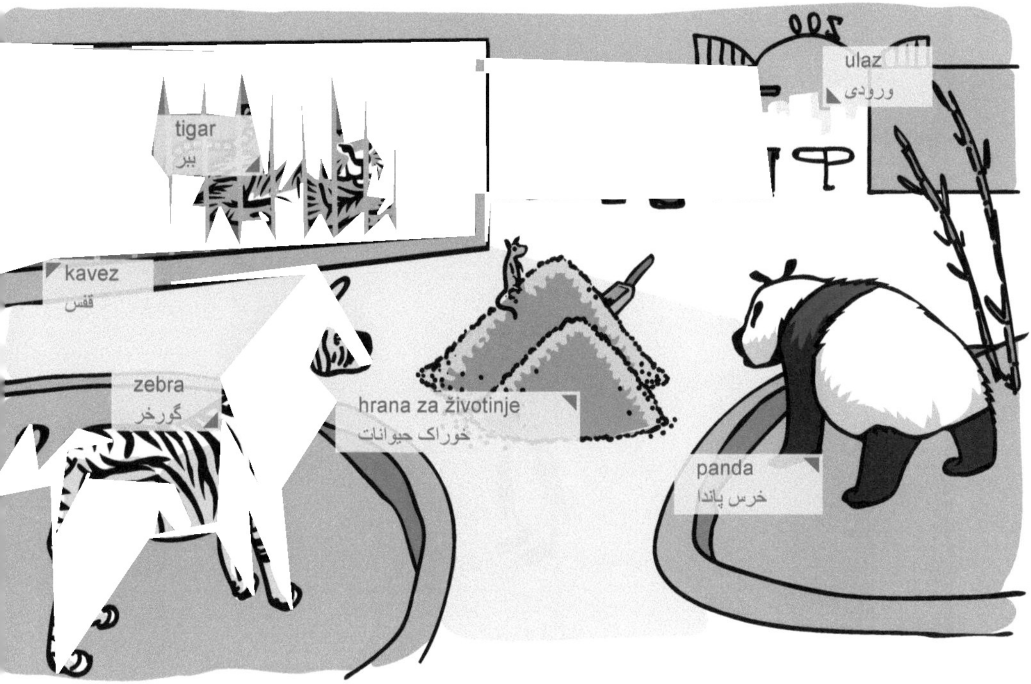

životinje

حیوانات

slon

فیل

kengur

کانگورو

nosorog

کرگدن

gorila

گوریل

medvjed

خرس

kamila

شتر

noj

شترمرغ

lav

شیر

majmun

میمون

flamingo

فلامینگو

papagaj

طوطی

polarni medvjed

خرس قطبی

pingvin

پنگوئن

morski pas

کوسه

paun

طاووس

zmija

مار

krokodil

تمساح

čuvar u zološkom vrtu

نگهبان باغ وحش

tuljan

خوک آبی

jaguar

پلنگ امریکایی

poni

اسب کوچک

leopard

پلنگ

nilski konj

اسب آبی

žirafa

زرافه

orao

عقاب

divlja svinja

گراز

riba

ماهی

kornjača

لاک پشت

morž

شیرماهی

lisica

روباه

gazela

غزال

američki fudbal
فوتبال آمریکایی
vožnja bicikla
دوچرخه سواری
tenis
تنیس
košarka
بسکتبال
plivanje
شنا
boks
بوکس
hokej na ledu
هاکی روی یخ

fudbal

فوتبال

bedminton

بدمینتون

laka atletika

دوومیدانی

rukomet

هندبال

skijanje

اسکی

polo

پولو

skakati
پریدن

smijati se
خندیدن

zagrliti
بغل کردن

ići
راه رفتن

pjevati
آواز خواندن

sanjati
رؤیا دیدن

moliti
دعا کردن

ljubiti
بوسیدن

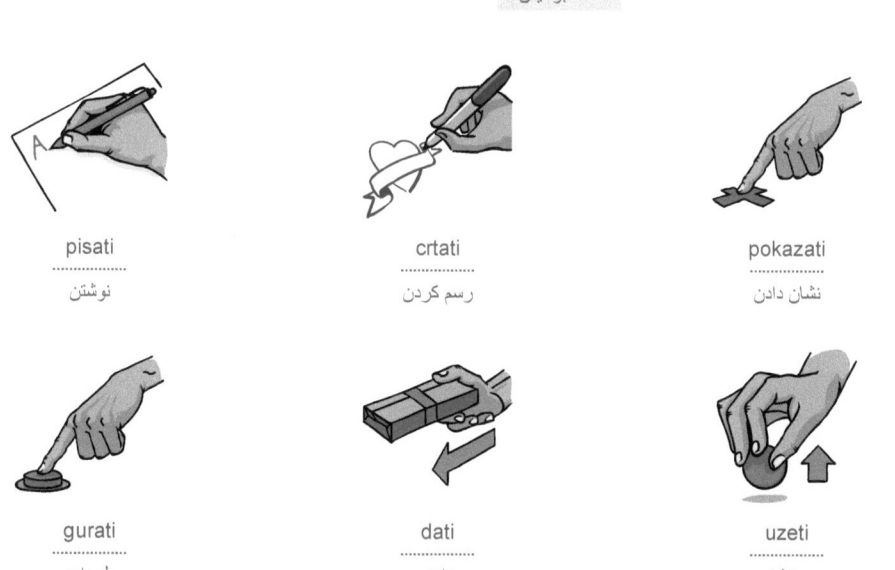

pisati
نوشتن

crtati
رسم کردن

pokazati
نشان دادن

gurati
هل دادن

dati
دادن

uzeti
برداشتن

imati

داشتن

raditi

انجام دادن

biti

بودن

stajati

ایستادن

trčati

دویدن

vući

کشیدن

baciti

پرتاب کردن

pasti

افتادن

ležati

دراز کشیدن

čekati

منتظر بودن

nositi

حمل کردن

sjediti

نشستن

obući

لباس پوشیدن

spavati

خوابیدن

probuditi

بیدار شدن

aktivnosti - فعالیت ها

pogledati

تماشا کردن

plakati

گریه کردن

milovati

نوازش کردن

češljati

شانه کردن

govoriti

حرف زدن

razumjeti

فهمیدن

pitati

پرسیدن

slušati

شنیدن

piti

آشامیدن

jesti

خوردن

pospremiti

مرتب کردن

voljeti

عاشق بودن

kuhati

پختن

voziti

رانندگی کردن

letjeti

پرواز کردن

jedriti

قایقرانی کردن

računati

محاسبه کردن

čitati

خواندن

učiti

یاد گرفتن

raditi

کار کردن

vjenčavti

ازدواج کردن

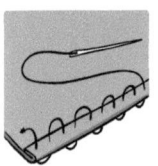

šiti

دوختن

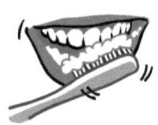

prati zube

مسواک زدن

ubiti

کشتن

pušiti

سیگار کشیدن

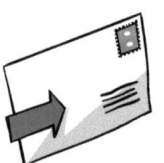

slati

فرستادن

baka
مادربزرگ

djed
پدربزرگ

otac
پدر

majka
مادر

beba
کودک

kćerka
فرزند دختر

sin
فرزند پسر

gost

مهمان

ujna, tetka, strina

خاله، عمه

ujak, tetak, stric

دایی، عمو

brat

برادر

sestra

خواهر

čelo
پیشانی

oko
چشم

lice
صورت

brada
چانه

grudi
سینه

prst
انگشت دست

ruka, šaka
دست

ruka
بازو

leđa
شانه

noga
ساق پا

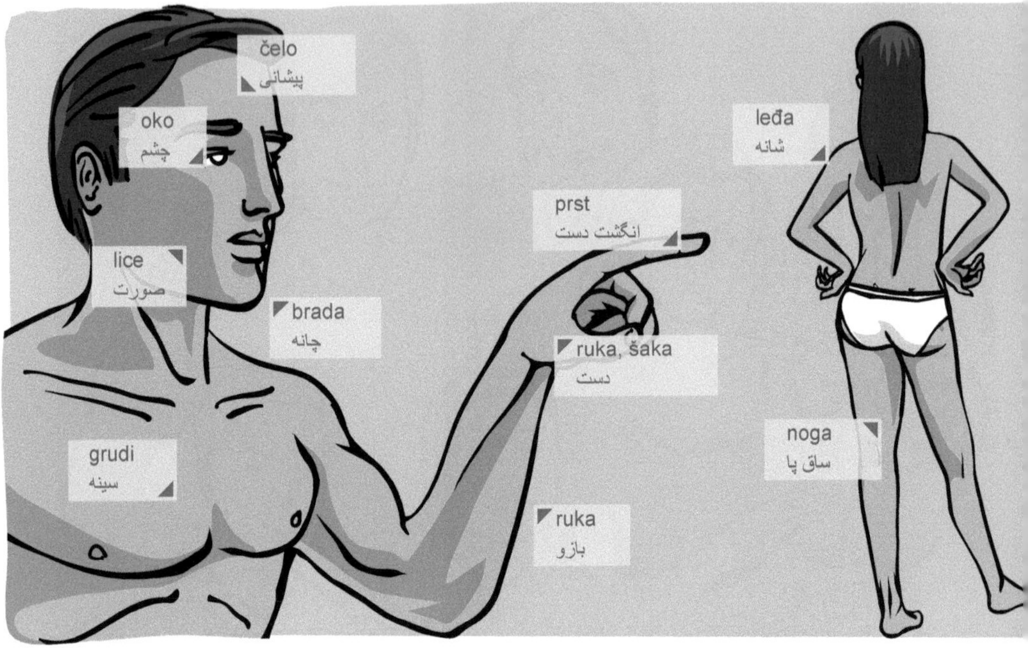

beba

کودک

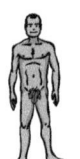

muškarac

مرد

žena

زن

djevojčica

دختربچه

dječak

پسربچه

glava

کله

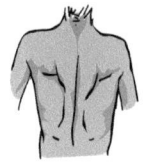

leđa

کمر

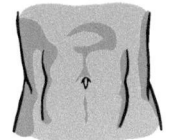

stomak

شکم

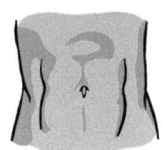

pupak

ناف

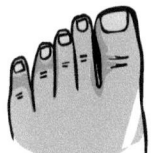

nožni prst

انگشت پا

peta

پاشنه

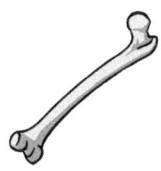

kosti

استخوان

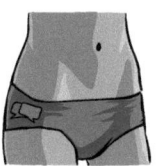

kuk

لگن

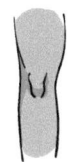

koljeno

زانو

lakat

آرنج

nos

بینی

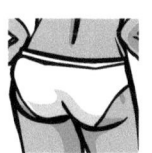

stražnjica

نشیمنگاه

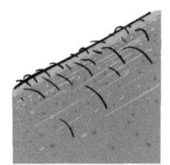

koža

پوست

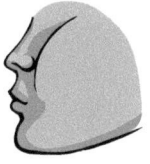

obraz

گونه

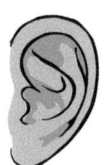

uho

گوش

usna

لب

usta

دهان

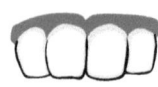

zub

دندان

jezik

زبان

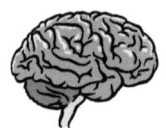

mozak

مغز

srce

قلب

mišić

عضله

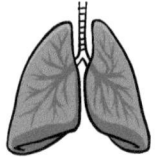

pluća

ریه

jetra

کبد

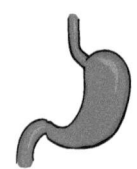

želudac

معده

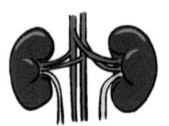

bubreg

کلیه

spolni odnos

آمیزش جنسی

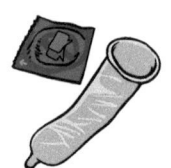

kondom

کاندوم

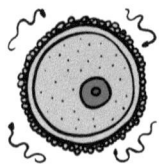

jajna ćelija

تخمک

sperma

اسپرم

trudnoća

حاملگی

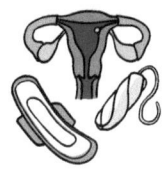

menstruacija

پريود

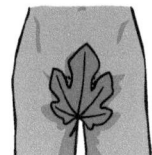

vagina

واژن

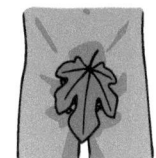

penis

آلت تناسلی مرد

obrva

ابرو

kosa

مو

vrat

گردن

بیمارستان

bolnica
bolničko vozilo
آمبولانس
lom
شکستگی

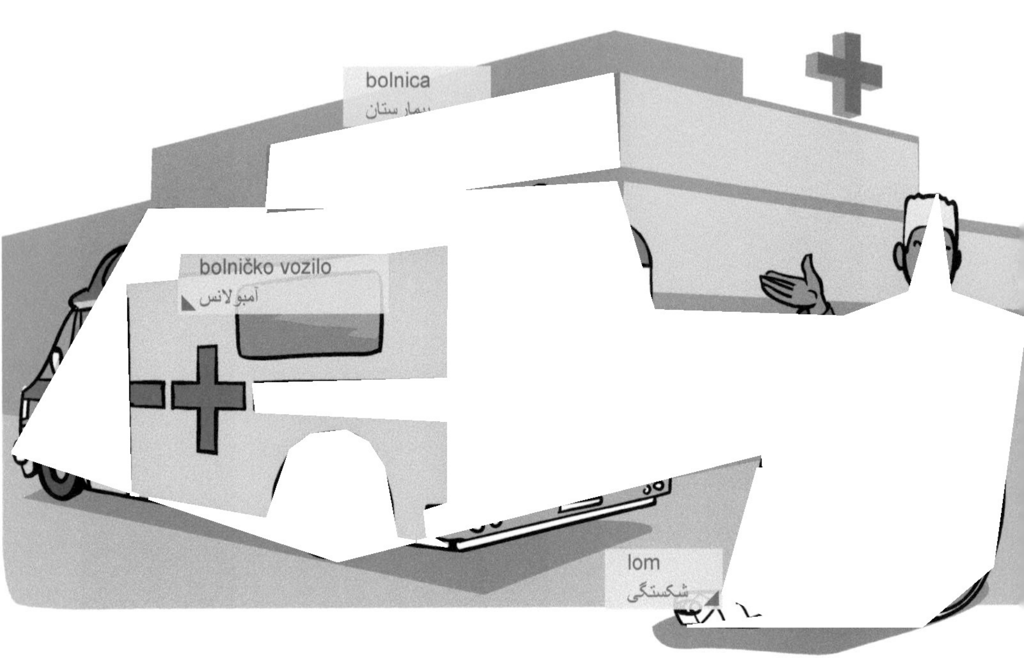

ljekar

دکتر

hitna služba

بخش اورژانس

medicinska sestra

پرستار

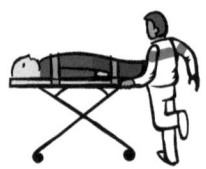

hitna pomoć

موقعیت اضطراری

nesvjest

بی هوش

bol

درد

povreda
....
مصدومیت

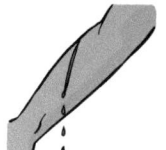

krvarenje
....
خونریزی

srčani udar, infarkt
....
سکته قلبی

moždani udar
....
سکته مغزی

alergija
....
آلرژی

kašalj
....
سرفه

groznica
....
تب

gripa
....
آنفولانزا

proljev
....
اسهال

glavobolja
....
سردرد

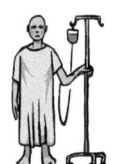

rak
....
سرطان

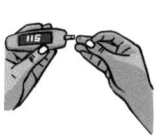

dijabetes
....
دیابت

hirurg
....
جراح

skalpel
....
چاقوی جراحی

operacija
....
عمل جراحی

CT

سی تی اسکن

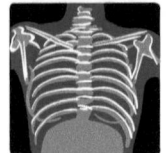

rendgen

پرتونگاری

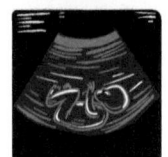

ultrazvuk

سونوگرافی

maska

ماسک صورت

bolest

بیماری

čekaonica

اتاق انتظار

štake

چوب زیر بغل

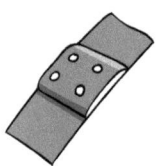

flaster

چسب زخم

zavoj

پانسمان

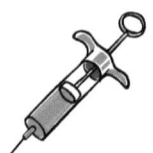

injekcija

تزریق

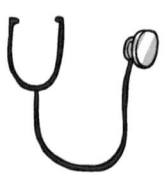

stetoskop

گوشی طبی

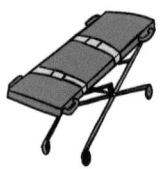

nosilo

برانکار

termometar

دماسنج

porod

زایش

prekomjerna težina, debljina

اضافه وزن

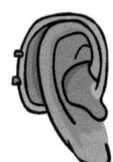

slušni aparat

سمعک

sredstvo za dezinfekciju

ماده ضد غفونی کننده

infekcija

عفونت

virus

ویروس

HIV/ AIDS

اچ آی وی / ایدز

medicina

دارو

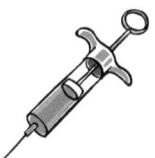

vakcinacija

واکسیناسیون

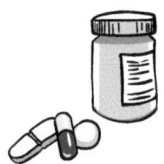

tablete

قرص

pilula

قرص ضد حاملگی

hitni poziv

تماس اظطراری

aparat za mjerenje pritiska

دستگاه اندازه گیری فشارخون

bolestan / zdrav

مریض / سالم

Upomoć!

کمک!

alarm

آژیر خطر

napad, prepad

حمله

napad

حمله ی فیزیکی

opasnost

خطر

izlaz u slučaju opasnosti

خروج اظطراری

Požar!

آتش

vatrogasni aparat

کپسول آتش‌نشانی

nezgoda

تصادف

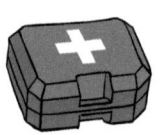

torba prve pomoći

جعبه کمک های اولیه

SOS

درخواست کمک

policija

پلیس

Europa

اروپا

Sjeverna Amerika

آمریکای شمالی

Južna Amerika

آمریکای جنوبی

Afrika

آفریقا

Azija

آسیا

Australija

استرالیا

Atlantik

اقیا نوس اطلس

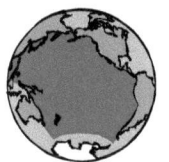

Pacifik

اقیانوس آرام

Indijski okean

اقیانوس هند

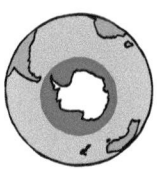

Antarktički okean

اقیا نوس اطلس جنوبی

Arktički okean

اقیانوس منجمد شمالی

Sjeverni pol

قطب شمال

Južni pol

قطب جنوب

Antarktik

قاره قطب جنوب

Zemlja

کره زمین

zemlja

سرزمین

more

دریا

ostrvo

جزیره

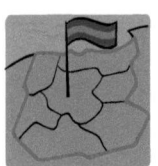

nacija

ملت

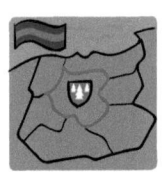

država

کشور

ساعت

brojčanik sata

صفحه ی ساعت

kazaljka sata

ساعت شمار

kazaljka minute

دقیقه شمار

kazaljka sekunde

ثانیه شمار

Koliko je sati?

ساعت چند است؟

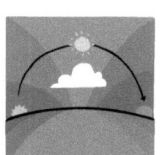

dan

روز

vrijeme

زمان

sada

اکنون

digitalni sat

ساعت دیجیتال

minuta

دقیقه

sat

ساعت

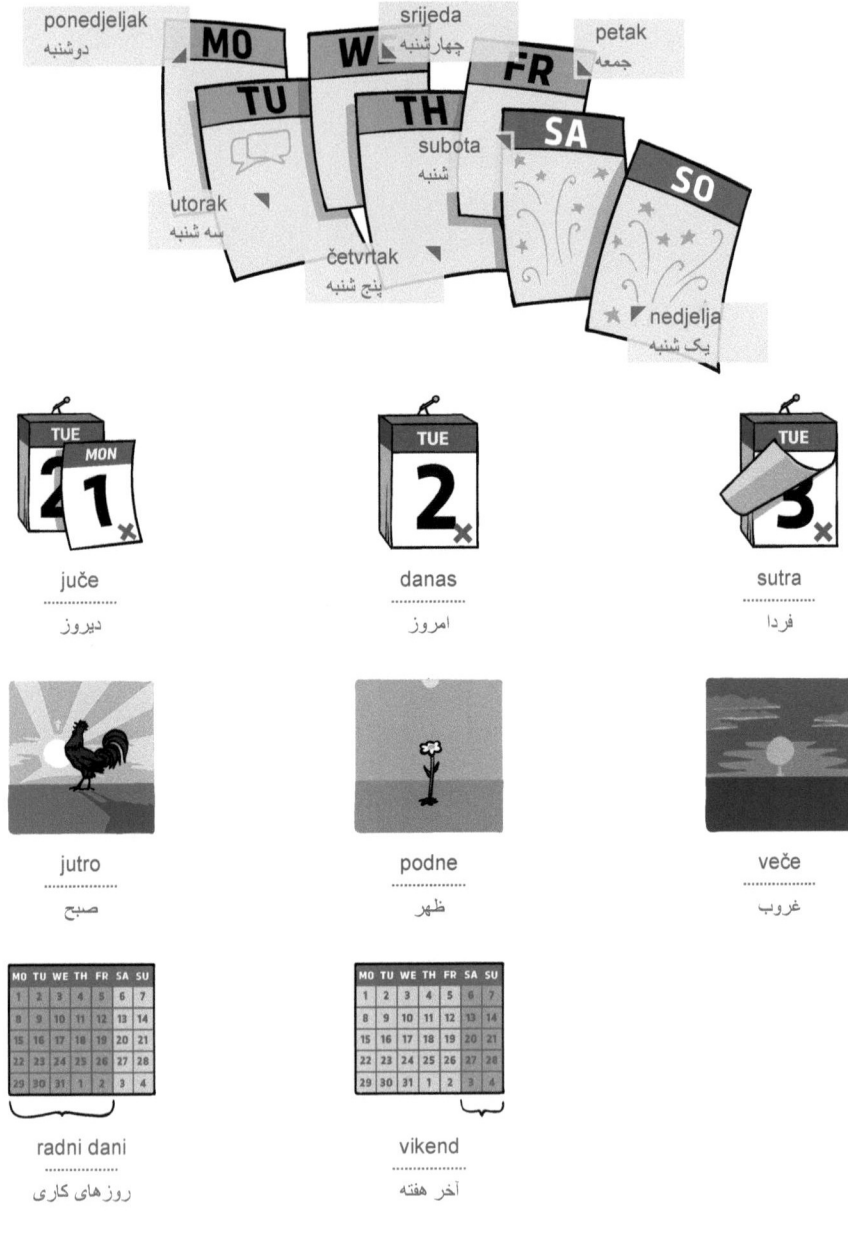

ponedjeljak
دوشنبه

srijeda
چهارشنبه

petak
جمعه

utorak
سه شنبه

subota
شنبه

četvrtak
پنج شنبه

nedjelja
یک شنبه

juče
دیروز

danas
امروز

sutra
فردا

jutro
صبح

podne
ظهر

veče
غروب

radni dani
روزهای کاری

vikend
آخر هفته

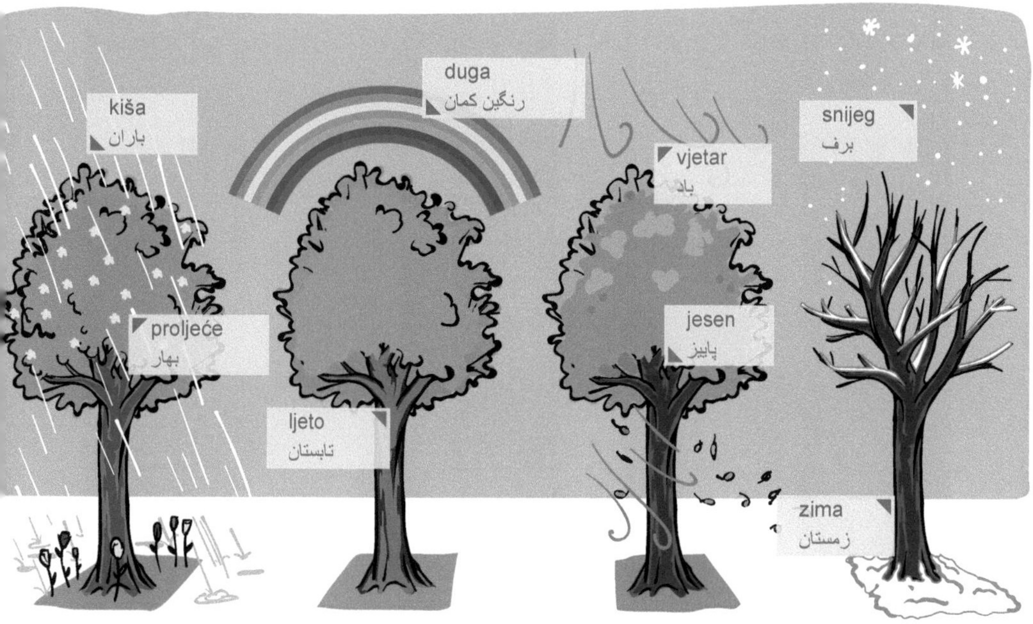

kiša
باران
duga
رنگین کمان
vjetar
باد
snijeg
برف
proljeće
بهار
ljeto
تابستان
jesen
پاییز
zima
زمستان

4.APRIL 11°
5.APRIL 4°
6.APRIL 13°
7.APRIL 8°
8.APRIL 10°

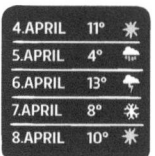

prognoza vremena

پیش‌بینی اوضاع جوی

F
C
120
90
60
30
0
-30
40
30
20
10
0
-10
-20

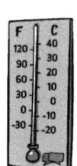

termometar

دماسنج

sunčev sjaj

تابش آفتاب

oblak

ابر

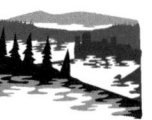

magla

مِه

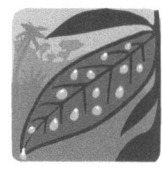

vlažnost vazduha

رطوبت هوا

munja

صاعقه

grom

آسمان غره

oluja

طوفان

tuča, led

تگرگ

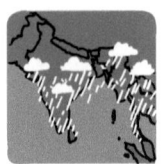

monsun

باد موسمی

poplava

سیل

led

یخ

januar

ژانویه

februar

فوریه

mart

مارس

april

آوریل

maj

مه

juni

ژوئن

juli

ژوئیه

avgust

آگوست

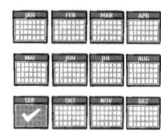

septembar

سپتامبر

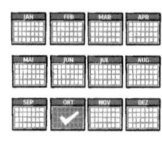

oktobar

اکتبر

novembar

نوامبر

decembar

دسامبر

آشکال

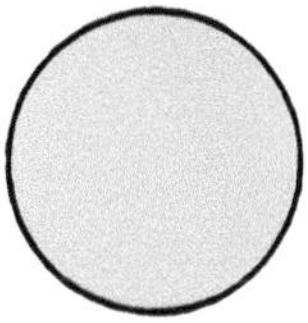

krug

دایره

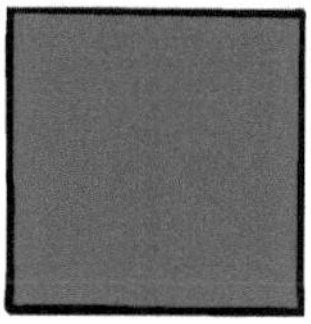

kvadrat

مربع

pravougao

مستطیل

trougao

سه گوش

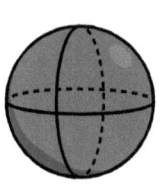

kugla

کره

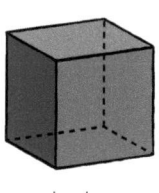

kocka

مکعب مربع

bjel

سفید

žut

زرد

narandžast

نارنجی

pink

صورتی

crven

قرمز

ljubičast

بنفش

plav

آبی

zelen

سبز

smeđ

قهوه ای

siv

خاکستری

crn

سیاه

malo / mnogo

خیلی / کم

ljutit / miran

خشمگین/ آرام

lijep / ružan

زیبا / زشت

početak / kraj

شروع / پایان

veliki / mali

بزرگ / کوچک

svijetlo / tamno

روشن / تیره

brat / sestra

برادر / خواهر

čist / prljav

تمیز / آلوده

potpun / nepotpun

کامل / ناقص

dan / noć

روز / شب

mrtav / živ

مرده / زنده

široko / usko

پهن / باریک

ukusno / neukusno

قابل خوردن / غیر قابل خوردن

zao / prijatan

غضبناک / مهربان

uzbuđen / dosadan

هیجان زده / بی حوصله

debeo / mršav

چاق / لاغر

najprije / najkasnije

اولین / آخرین

prijatelj / neprijatelj

دوست / دشمن

pun / prazan

پر / خالی

trvd / mekan

سفت / نرم

težak / lagan

سنگین / سبک

glad / žeđ

گرسنگی / تشنگی

bolestan / zdrav

مریض / سالم

ilegalan / legalan

غیرقانونی / قانونی

inteligentan / glup

باهوش / خنگ

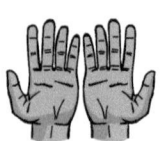

lijevo / desno

چپ / راست

blizu / daleko

نزدیک / دور

nov / polovan

نو / استفاده شده

ništa / nešto

هیچ چیز / چیزی

star / mlad

پیر / جوان

uključeno / isključeno

روشن / خاموش

otvoreno / zatvoreno

باز / بسته

tiho / glasno

آهسته / بلند

bogat / siromašan

ثروتمند / فقیر

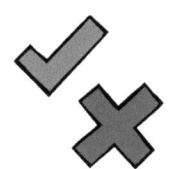

tačno / pogrešno

درست / غلط

hrapav / glatak

زبر / صاف

tužan / srećan

غمگین / خوشحال

kratak / dug

کوتاه / بلند

spor / brz

کند / تند

mokro / suho

تر / خشک

toplo / hladno

گرم / خنک

rat / mir

جنگ / صلح

0
nula

صفر

1
jedan

یک

2
dva

دو

3
tri

سه

4
četiri

چهار

5
pet

پنج

6
šest

شش

7
sedam

هفت

8
osam

هشت

9
devet

نه

10
deset

دَه

11
jedanaest

یازده

12

dvanaest

دوازده

13

trinaest

سیزده

14

četrnaest

چهارده

15

petnaest

پانزده

16

šesnaest

شانزده

17

sedamnaest

هفده

18

osamnaest

هجده

19

devetnaest

نوزده

20

dvadeset

بیست

100

sto

صد

1.000

hiljada

هزار

1.000.000

milion

میلیون

engleski

انگلیسی

američki engleski

انگلیسی آمریکایی

kinesko mandarinski

چینی ماندارین

hindi

هندی

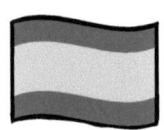

španski

اسپانیایی

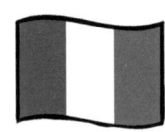

francuski

فرانسوی

arapski

عربی

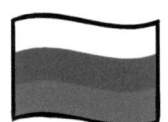

ruski

روسی

portugalski

پرتغالی

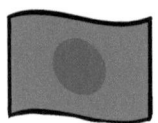

bengalski

بنگالی

njemački

آلمانی

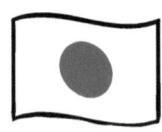

japanski

ژاپنی

چه کسی / چه چیزی / چگونه

ja
....
من

ti
....
تو

on / ona / ono
....
او

mi
....
ما

vi
....
شما

oni
....
آنها

ko?
....
چه کسی؟ کی؟

šta?
....
چی؟

kako?
....
چگونه؟

gdje?
....
کجا؟

kada?
....
کِی؟

ime
....
نام

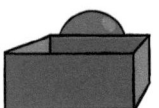

iza

پشت

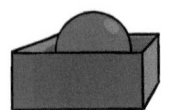

u

توی

pred

جلو

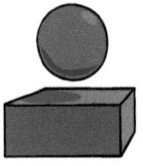

iznad

بالای

na

روی

ispod

زیر

pored

مجاور

između

بین

mjesto

مکان